DER KÖRPER

Idee:
Christophe Hublet

Text:
Emilie Beaumont

Illustrationen:
Catherine Ferrier

Übersetzung aus dem Französischen
von Claudia Jost

FLEURUS VERLAG

Körperbau

Skelett

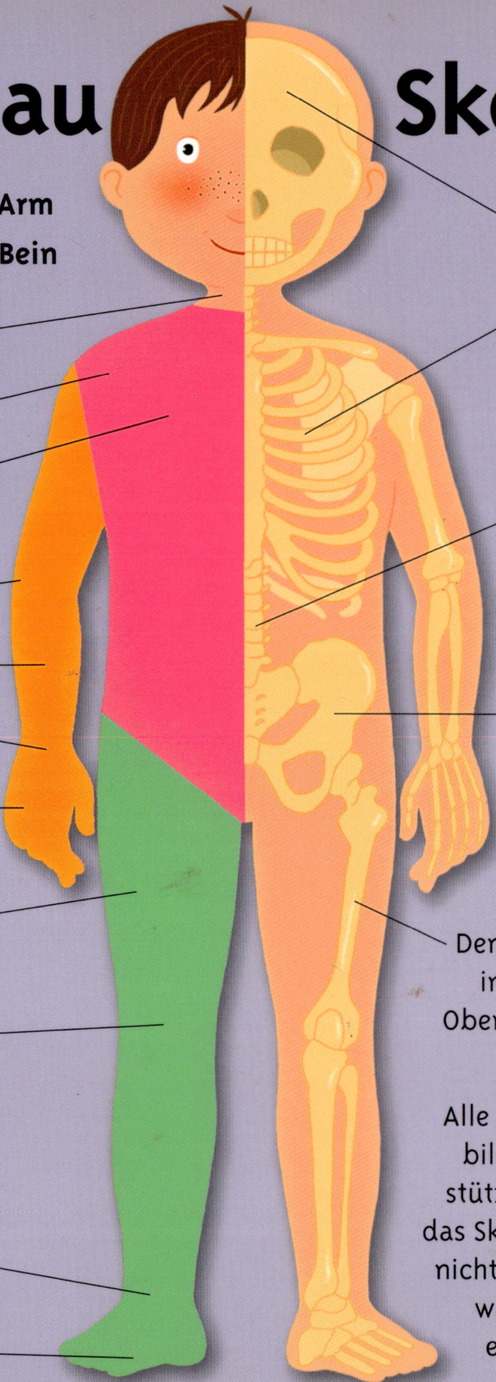

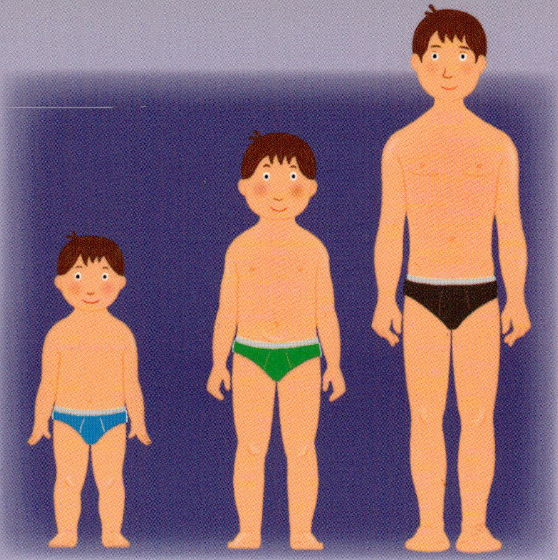

Die Knochen wachsen, bis wir erwachsen sind. Das Wachstum verläuft aber nicht bei allen Menschen gleich, deshalb sind wir unterschiedlich groß.

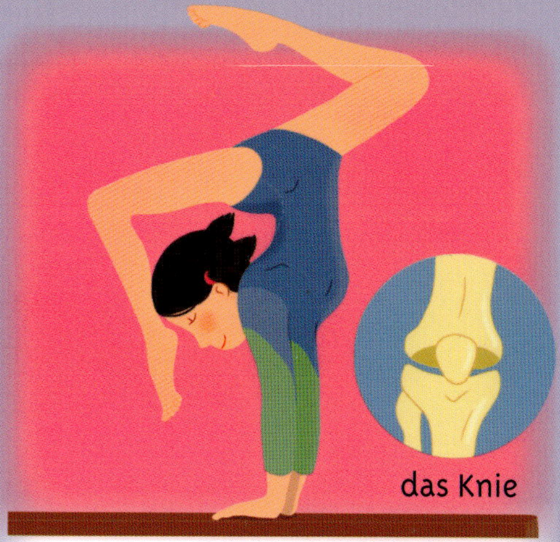

Die Knochen sind durch Gelenke verbunden. Nur dadurch können wir uns bewegen und sogar schwierige Turnübungen machen.

Es gibt aber auch Bewegungen, die wir nicht machen können. So können wir den Kopf und die Brust nicht vollständig nach hinten drehen.

Knochen können brechen. Dann müssen wir mehrere Wochen lang einen Gips tragen, damit der Bruch wieder heilen kann.

Die Muskeln

Die Knochen sind von Muskeln überzogen. Durch sie können wir laufen, springen, die Beine beugen, lächeln, mit den Augen zwinkern … kurz gesagt: uns bewegen.

Beim Laufen und Springen sind unsere Arm-, Rücken-, Hals-, Bein- und Fußmuskeln aktiv: Sie leisten echte Teamarbeit!

Dieses Kind wurde ohne Haut gezeichnet, damit du die Muskeln siehst.

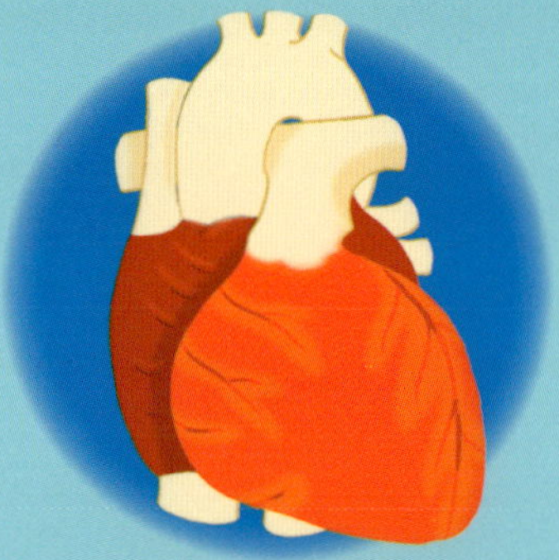

Das Herz ist ein Muskel. Es funktioniert wie eine Pumpe und lässt das Blut im ganzen Körper kreisen.

Auch wenn du zwinkerst, arbeitet ein Muskel.

Wenn wir den Arm beugen, verkürzt sich der Bizepsmuskel und hebt den Unterarmknochen.

Wenn du deine Muskeln zu stark beanspruchst, kannst du Muskelkater bekommen.

Einige Krankheiten greifen die Muskeln an, bis sie nicht mehr funktionieren. Dann ist man gelähmt und muss im Rollstuhl sitzen.

Einige Sportler trainieren lange und regelmäßig, um kräftige Muskeln zu bekommen. Sie stemmen dafür schwere Gewichte.

Die Haut

Die Haut umgibt und schützt den ganzen Körper. Je nach Körperstelle ist sie mehr oder weniger dick: Sie ist zum Beispiel auf der Handaußenseite dünner als auf der Handinnenseite.

Menschen haben unterschiedliche Hautfarben. Manche haben eine weiße Haut, bei anderen ist sie braun oder eher gelblich.

Ohne Sonnenschutz bekommen wir einen Sonnenbrand. Das ist gefährlich für die Haut.

In der Sonne bräunt die Haut. Einige Menschen bekommen auch Sommersprossen.

Wächst ein Baby im Bauch der Mutter, dehnt sich ihre Haut. Nach der Geburt zieht sie sich wieder zusammen. Im Alter wird die Haut runzelig.

Wenn es heiß ist oder wir uns viel bewegen, schwitzen wir. Der Schweiß tritt aus kleinen Öffnungen in der Haut hervor, den Poren.

Außer auf den Lippen, den Handinnenseiten und den Fußsohlen ist die Haut mit feinen Haaren bedeckt. Erwachsene haben mehr Haare als Kinder und Männer mehr als Frauen.

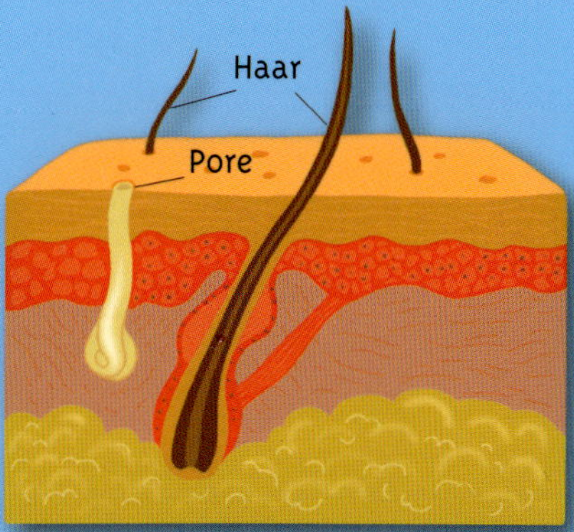

Querschnitt durch die Haut

Wenn es kalt ist oder wenn wir Angst haben, stellen sich die Härchen auf der Haut auf und wir zittern. Wir haben eine Gänsehaut.

Der Blutkreislauf

Das Herz ist nicht größer als eine Faust, aber ein sehr wichtiges Organ. Es schlägt Tag und Nacht. Wenn es aufhört zu schlagen, müssen wir sterben. Es pumpt das Blut durch feine Adern, die Arterien und Venen. So fließt es durch den ganzen Körper.

Das Blut fließt vom Herzen durch die Arterien in den ganzen Körper. Über die Venen fließt es wieder zum Herzen zurück.

Wenn wir uns anstrengen – wie hier beim Laufen – schlägt das Herz schneller. Wir spüren das sehr gut und atmen immer schneller.

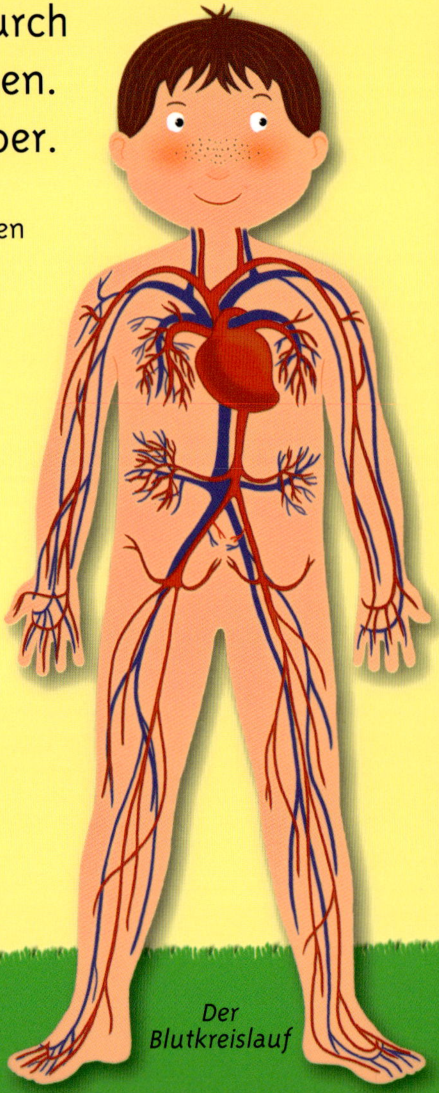

Um herauszufinden, welche Krankheit wir haben, muss unser Blut untersucht werden. Dafür wird uns beim Arzt ein bisschen Blut abgenommen.

Im Blut gibt es Millionen kleiner Soldaten, die weißen Blutkörperchen. Sie kämpfen gegen die Bakterien, die Krankheiten verursachen.

Menschen haben verschiedene Blutgruppen: A, B, AB und O. Erwachsene können etwas von ihrem Blut spenden, um schwer kranken Menschen zu helfen. Die Blutgruppen müssen sich aber miteinander vertragen.

Eine Wunde muss mit einem Desinfektionsmittel gereinigt werden. Das Blut trocknet, es bildet sich eine Kruste und die Wunde vernarbt.

Das Gehirn

Dank unseres Gehirns können wir sprechen, denken, uns erinnern, bewegen usw. Es ähnelt einem großen Schwamm. Es ist ganz weich und wird von der Schädeldecke gut geschützt.

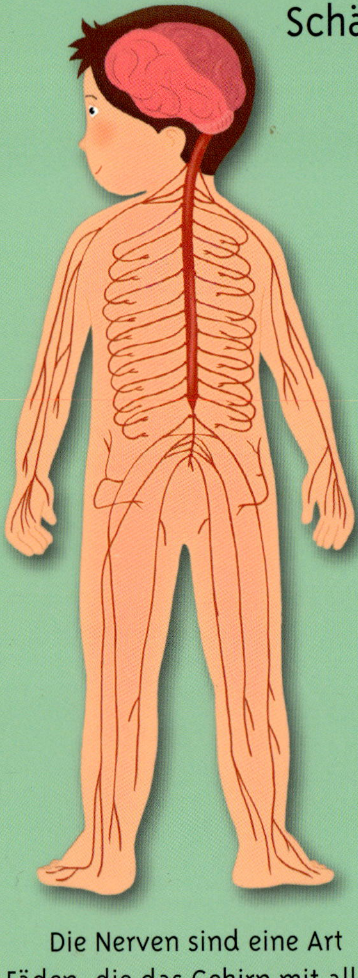

Wenn wir etwas Spitzes berühren, „befiehlt" das Gehirn dem Finger, sich zurückzuziehen. Das geschieht so schnell, dass wir uns dessen gar nicht bewusst sind. Man nennt dies „Reflex".

Die Nerven sind eine Art Fäden, die das Gehirn mit allen Körperteilen verbinden.

Das Gehirn entscheidet, ob wir mit der rechten oder der linken Hand schreiben.

Mit dem Gehirn denken wir nach und entwickeln Ideen. Dank unseres Gehirns erinnern wir uns an das, was wir gelernt haben.

Unser Gehirn verhindert, dass wir Bewegungen verlernen, die wir schon als kleines Kind gelernt haben, wie zum Beispiel Fahrradfahren.

Wenn wir zu lange auf unseren Beinen sitzen bleiben und uns dann bewegen, empfinden wir ein Kribbeln: Die Nerven sind eingeschlafen.

Damit die Muskeln sich ausruhen können, müssen wir schlafen. Das Gehirn arbeitet jedoch weiter: Wir träumen. Manchmal haben wir Albträume.

Die Atmung

Damit alle unsere Körperteile gut funktionieren, brauchen sie Sauerstoff, der in der eingeatmeten Luft enthalten ist. Unsere Lunge nimmt die Luft auf. Sie leitet den Sauerstoff ins Blut, das ihn zu allen Organen bringt.

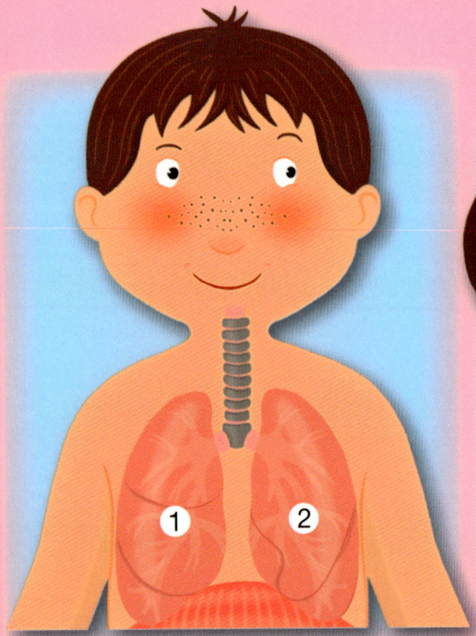

Die Luft tritt durch die Nase oder den Mund ein und gelangt dann in die beiden Lungenflügel (1 und 2).

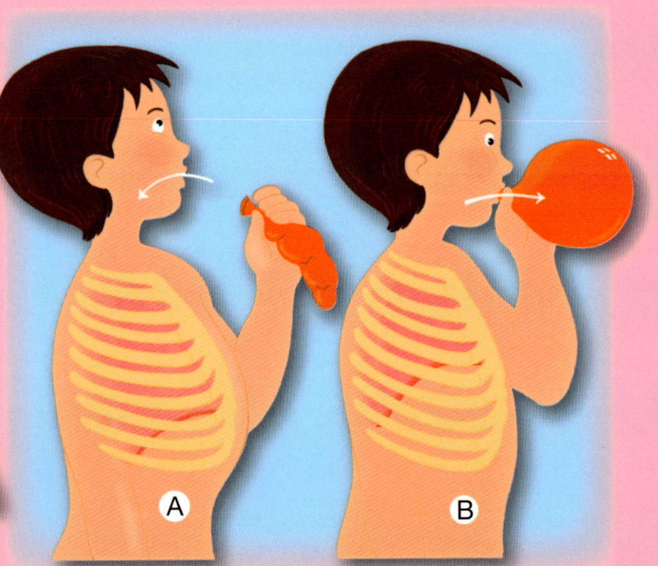

Die Atmung erfolgt in zwei Schritten: Wir atmen sauerstoffreiche Luft ein. Der Brustkorb dehnt sich aus (A). Beim Ausatmen stoßen wir die verbrauchte Luft wieder aus (B).

Schlucken wir etwas zu schnell hinunter, bekommen wir Schluckauf. Er hört auf, wenn wir etwas trinken und uns dabei die Nase zuhalten.

Die verbrauchte Luft wird durch Nase oder Mund wieder ausgeatmet. Wenn es kalt ist, bildet sich dabei eine kleine Wolke, ein feuchter Niederschlag.

Wenn kleine Kinder Erdnüsse essen und diese in die Luftröhre gelangen, können sie daran ersticken.

Unter Wasser dürfen wir nicht atmen, weil sonst Wasser in die Lunge kommt. Das ist sehr gefährlich. Nur mit Schnorchel können wir unter Wasser atmen.

Die Verdauung

Die Nahrung beginnt ihre Reise durch den Körper im Mund und durchwandert das Verdauungssystem. Dabei werden ihre einzelnen Nährstoffe nach ihrer Umwandlung vom Blut aufgenommen und zu allen Organen transportiert. Diesen langen Vorgang nennen wir Verdauung.

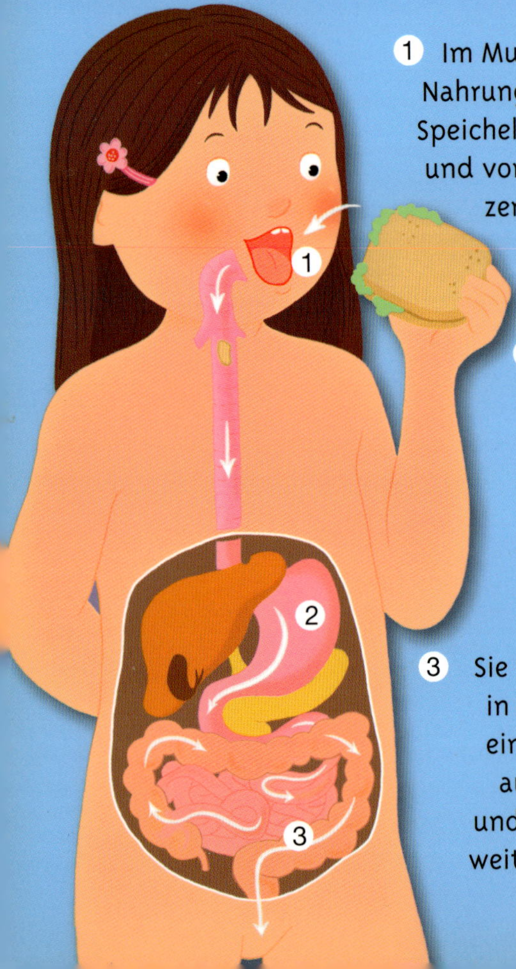

1 Im Mund wird die Nahrung mithilfe des Speichels aufgeweicht und von den Zähnen zerkleinert.

2 Dann gleitet sie durch die Speiseröhre in den Magen, wo sie zu einem Brei zersetzt wird.

3 Sie wandert weiter in den Darm, wo ein Teil vom Blut aufgenommen und an die Organe weitergeleitet wird.

4 Die Reise der Nahrung endet auf der Toilette. Nachdem der Körper ihr alle lebenswichtigen Nährstoffe entzogen hat, werden die unverdaulichen Teile ausgeschieden.

Damit wir eine gute Verdauung haben, müssen wir uns zum Essen Zeit nehmen. Wir sollten uns bei den Mahlzeiten ruhig hinsetzen.

Wenn wir zu viel gegessen haben oder an einem Virus erkrankt sind, haben wir Bauchschmerzen oder müssen uns erbrechen.

Die Zähne

- Die **Schneidezähne** schneiden.
- Die **Eckzähne** zerreißen.
- Die **Vorbackenzähne** und
- **Backenzähne** zermahlen.

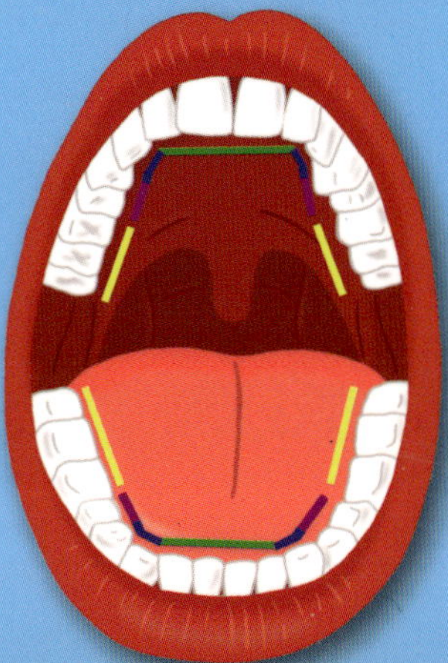

Wir müssen erst unsere Nahrung verdauen, bevor wir schwimmen gehen. Das gilt vor allem, wenn das Wasser kalt ist.

Die fünf Sinne

Augen, Nase, Mund, Ohren und Haut sind die Organe, mit denen wir sehen, riechen, schmecken, hören und fühlen können. Dank dieser Organe können wir uns mit anderen Menschen verständigen und die Welt um uns herum entdecken.

Die fünf Sinne sind: Sehen, Hören, Riechen, Schmecken und Fühlen.

Mit den **Augen** sehen wir.

Mit der **Nase** riechen wir.

Mit der **Zunge** schmecken wir.

Mit den **Ohren** hören wir.

Mit der **Haut** fühlen wir.

Das Sehen

Mit den Augen sehen wir. Wenn wir nicht gut weit oder nahe sehen, müssen wir eine Brille oder Kontaktlinsen tragen. Ältere Menschen sehen nicht mehr so gut. Menschen, die gar nichts sehen können, sind blind.

Das Hören

Mit den Ohren hören wir laute und leise Geräusche. Aber Vorsicht: Zu laute Geräusche können unser Ohr schädigen und wir hören dann schlechter. Menschen, die gar nichts hören können, sind taub.

Das Riechen

Mit der Nase nehmen wir angenehme und unangenehme Gerüche wahr. Wenn wir erkältet sind, ist unsere Nase verstopft. Wir können dann nur sehr schlecht riechen.

Das Schmecken

Mit der Zunge schmecken wir Süßes oder Salziges, Saures wie Zitrone oder Bitteres wie Kaffee. Wir schmecken nicht mit allen Teilen der Zunge: In der Zungenmitte schmecken wir überhaupt nichts.

Das Fühlen

Die Haut der Hände, Füße und Lippen ist sehr empfindlich. Mit der Haut fühlen wir, ob etwas heiß, kalt, feucht oder trocken ist oder ob etwas weh tut.

Das Wachstum

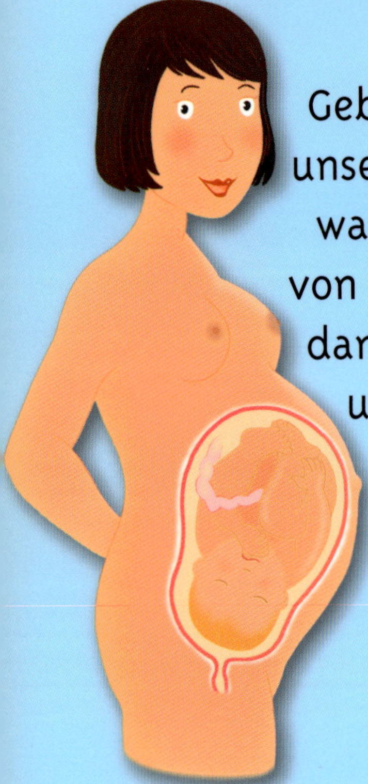

Vom Moment der Geburt an verändert sich unser Körper ständig. Wir wachsen bis zum Alter von 18 – 20 Jahren. Auch danach entwickelt sich unser Körper weiter.

Vor der Geburt entwickelt sich das Baby im Bauch der Mutter, wohl behütet und warm.

In den ersten Lebensmonaten wächst das Baby schnell heran und nimmt an Gewicht zu.

Bald kann das Baby ohne Hilfe sitzen. Nach einigen Monaten krabbelt es auf allen vieren und stellt sich schließlich auf, um zu laufen.

Im Alter von 10 bis 16 Jahren verändert sich der Körper: Der Junge wächst zu einem Mann heran, das Mädchen zu einer Frau.

Im Erwachsenenalter wächst der Körper nicht mehr, aber er verändert sich nach und nach, von Jahr zu Jahr. Wir nehmen mehr oder weniger zu.

Je älter das Kind wird, desto besser kann es seine Bewegungen kontrollieren, allein essen, sich anziehen usw.

Dann altern die Menschen langsam. Die Haut wird faltig und die Haare grau. Die Knochen werden brüchig und die Sehkraft lässt nach.